os verdadeiros cães de raça

VIRA-LATAS

Diretor: Edaury Cruz

Editora: Cristina Fernandes

Projeto gráfico e capa: Tiago Ferigoli

Diagramação e finalização: Tiago Ferigoli e Ana Dobón

Fotógrafo: Tiago Ferigoli

Produção gráfica: Jaqueline Lavor Ronca

Ferigoli, Tiago
Vira-Latas: Os verdadeiros cães de raça; fotos: Tiago Ferigoli
– São Paulo: Ediouro, 2009.

1. Cães, cachorros, vira-latas, animais de estimação.

Ediouro Publicações Ltda.
R. Nova Jerusalém, 345 – Bonsucesso – Rio de Janeiro – RJ – CEP: 21042-235
Tel.: (21) 3882-8200 – Fax: (21) 3882-8212/8313
www.ediouro.com.br / editorialsp@ediouro.com.br

COLABORADORES

Anna Karina Lima
Veterinária

Elzira Yoko Uyeno
Linguista

Laura Lobo
Coordenadora do projeto

Márcia Gomes
Criadora de cães

AGRADECIMENTO

Este Livro surgiu de um hobby fotográfico e acabou se transformando num projeto muito importante. Um dos fatores que contribuiu para o amadurecimento das idéias contidas no livro foi a participação, direta e indireta, de algumas pessoas as quais, com toda certeza, merecem o devido reconhecimento. Profissionais, amigos e parentes, que assim como eu, dedicaram parte do seu tempo para fazer deste projeto algo muito especial.

Aline Giese, Aline Lemos, Ana Maria Natal, Andrea Benozzati, Andrea Gomes, Anna Karina Lima, Bruno Amaral, Célio Lourenço, Cristina Fernandes, Charles Carminati, Cynthia Schoenardie, Denize Carvalho, Edson Menezes, Elizeu Almeida, Elongenista de Almeida, Elzira Yoko Uyeno, Fabian Giese, Fabiana Carvalho, Fabricio González Villar, Fernanda Bortolucci, Flavia M. Dias Rodrigues, Guilherme Mendes, Henrique Avari, Isabelle Rocha, José Eduardo de Carvalho, Judith J. Hoelzemann, Julio Vasconcelos, Laura Lobo, Márcia Gomes, Patrícia Freitas, Rafael Stockler, Rafael Viana, Ralph Siqueira, Raquel Marques, Rosangela Amorim, Sergio Silva, Silvia Levy, Sr. Otto, Tatiana Bornato, Thales Mendes

Cidinha Ferigoli
Cláudio Afonso Ferigoli
Gabriela Ferigoli

Angela B. Thums

Abril /2010

APRESENTAÇÃO

Este livro trata não apenas do cão de rua (vira-lata), mas especialmente da relação dele com o homem, já que ambos dividem o mesmo espaço. Como diz o próprio subtítulo do livro, "os verdadeiros cães de raça", estamos estudando o comportamento daqueles cães de rua que conseguiram sobreviver às adversidades desse mundo injustamente chamado de cão, e que por conta disso se tornaram mais fortes, sejam eles um cão de raça ou um SRD (Sem Raça Definida).
Em termos de espécie, não existe nenhuma diferença comprovada entre um cão de rua, não necessariamente sem raça, de um cão que vive em um lar, não necessariamente com raça.

Mas o vira-lata vive à margem da sociedade, principalmente por viver afastado daqueles que inicialmente teriam condições de tirá-lo das ruas, uma vez que a grande maioria dos cães de rua (vira-latas) vive na periferia, onde as condições são mínimas.

O objetivo desse livro é conscientizar a população de que o número de vira-latas vem aumentando a cada dia, e que algo precisa ser feito a respeito. Seja retirando das ruas esses cães sobreviventes à valentes, através de um programa junto as entidades de adoção responsáveis, seja conscientizando as pessoas de que elas não devem mais largar seus cães pelas ruas. Afinal, são seres vivos como outros quaisquer e merecem o nosso respeito, principalmente por eles nos respeitarem tanto.

No princípio, não havia pedigree, apenas raça pela sobrevivência.

10

Alguns têm raça por formalidade, nós temos por merecimento.

Somos pequenos no porte, enormes no espírito.

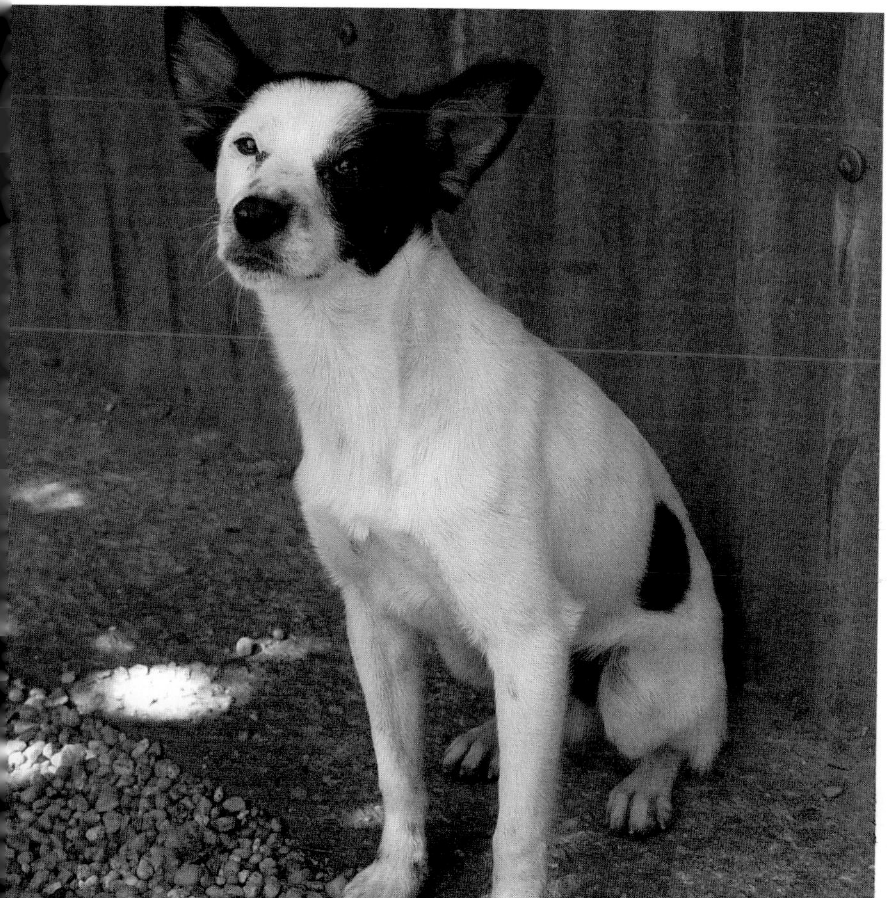

Descobrimos o mundo através do olfato. Pressentimos através da audição.

Nosso paladar não é exigente.

Comemos das sobras e bebemos da chuva.
Viramos as latas.

Lutamos muito, mas o destino não nos pertence.

Controlamos tudo em nossa vida, mas não a oportunidade.

Já nossos olhos, revelam muito mais de nós mesmos, do que somos capazes de enxergar meio em preto e branco.

Tenha a certeza de que o coração de um cachorro enxerga colorido.

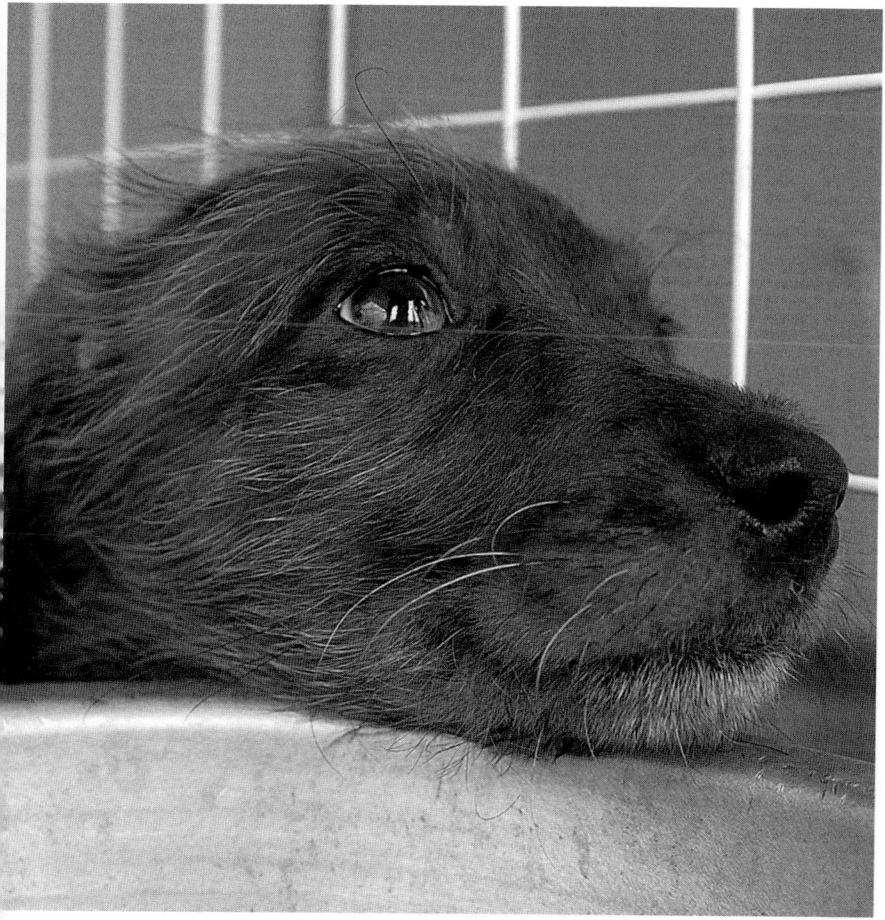

Se você olhar bem atentamente, poderá ouvir através de nossos olhos: eles comunicam, e sempre falam a verdade, sempre.

Um cachorro enxerga muito mais com o coração do que com os olhos.

Se você tem um cachorro, olhe em seus olhos e descubra o que ele está pensando.

Num mundo onde a verdade é cada vez mais rara, um olhar como esse é cada vez mais precioso.

As ruas estão cheias de olhares como esse, esperando para se comunicar com você.

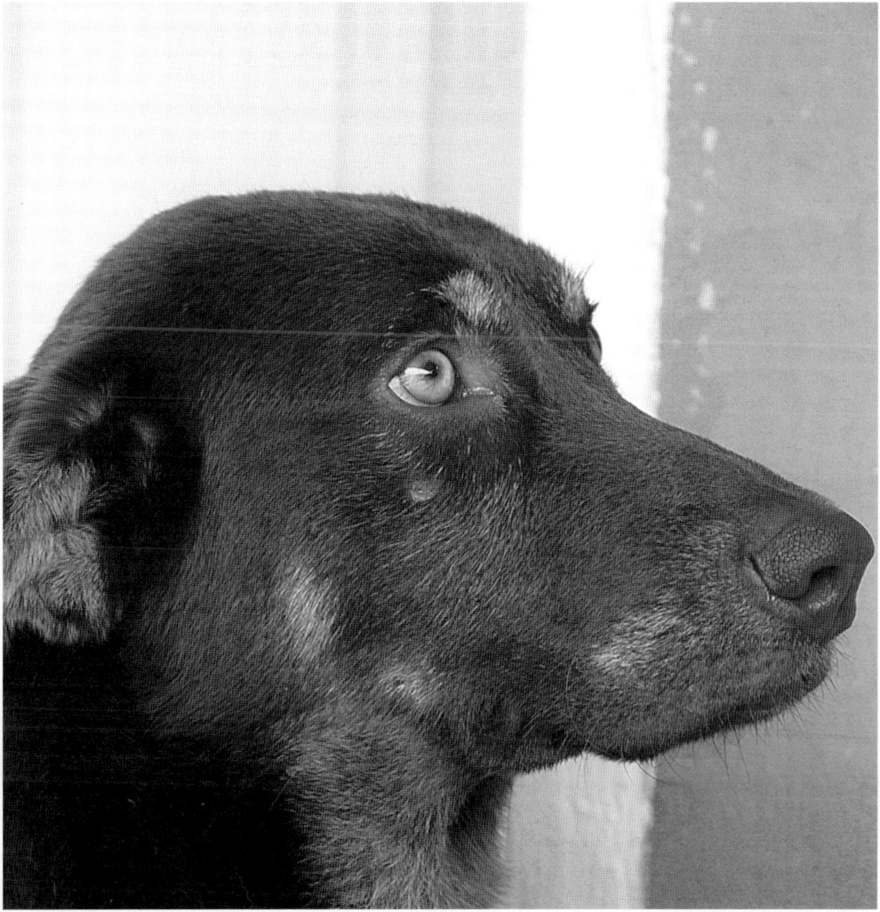

Somos mais capazes do que você imagina. Basta observar.

Nosso pelo endurece, nosso corpo emagrece e nosso olhar se entristece. Mas nosso coração se enobrece.

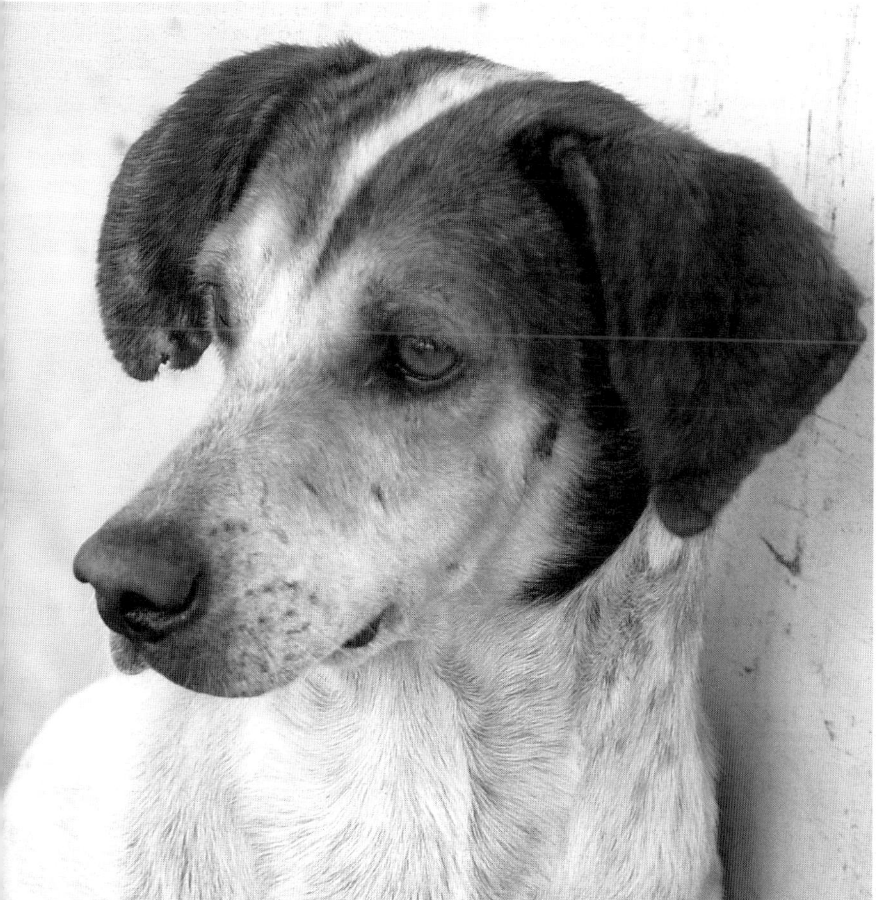

Por trás desses pelos sujos e emaranhados, não importa a cor, existe uma vida cheia de personalidade.

Não somos apenas vidas perambulando por terrenos abandonados, somos seres vivos esperando por seu olhar.

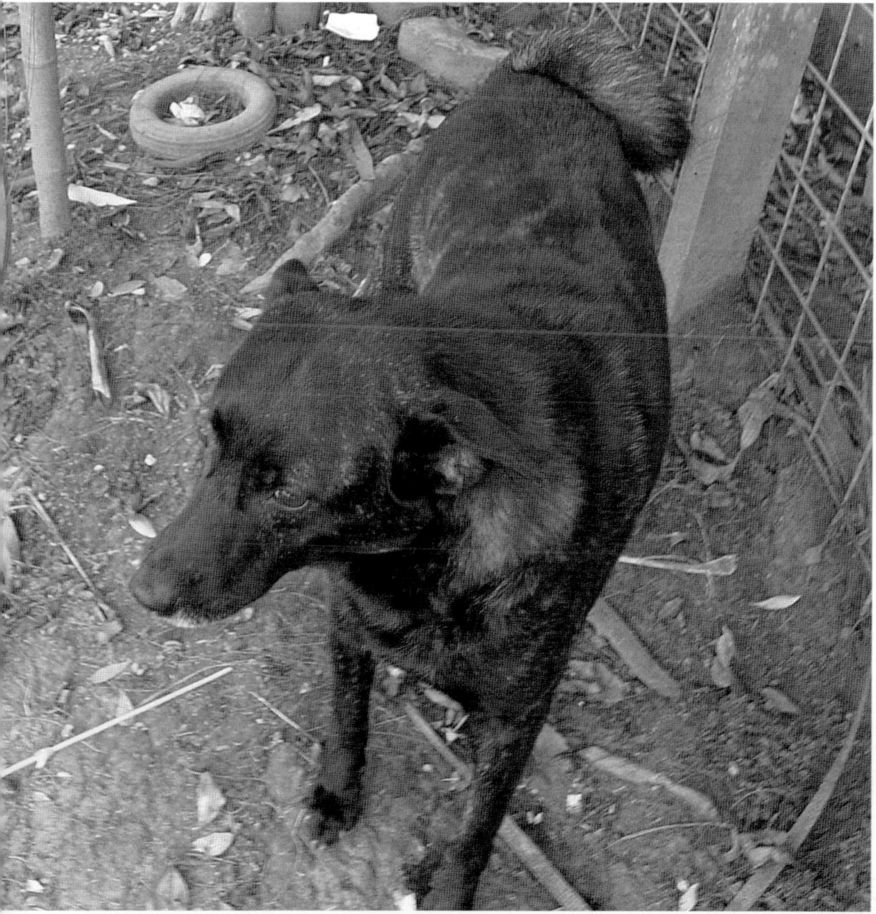

Somos impermeáveis à chuva, mas não imunes ao descaso.

Não importa o tempo. Se estamos nas ruas, somos vira-latas.

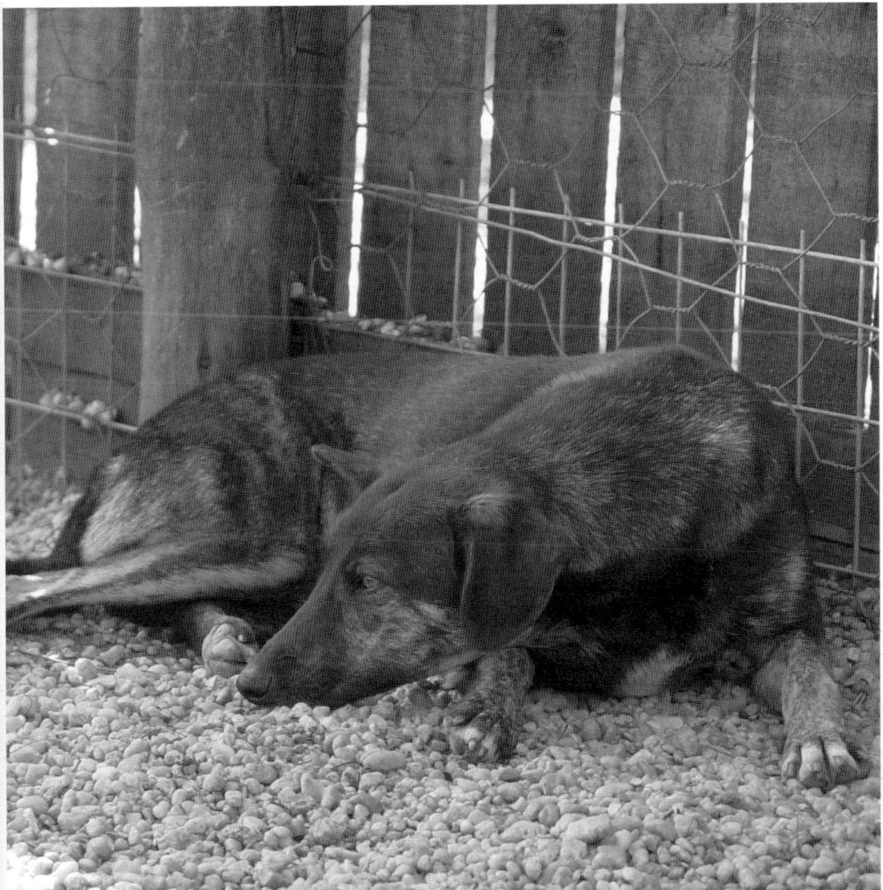

A rua é o nosso reino!

Independentes da raça, dependemos do meio.

Na lida da vida, somos sobreviventes de raça.

Somos ingênuos por natureza. Verdadeiros. Amigos.

Somos vira-latas, mas temos raça.

Se somos vira-latas, algo não está certo.

Na solidão, buscamos apenas um olhar: o da compreensão.

Nessa vida tão solitária, buscamos a solidariedade.

No silêncio da noite, as estrelas são nossas fiéis companheiras.

Se a tristeza você encontrar, e se a dor estiver presente em nossos olhos, não tenha pena.

Basta um gesto de carinho: da tristeza se fará a felicidade.

Você não notou, mas nossos comportamentos não se diferenciam tanto.

Nós e você buscamos os mesmos direitos: o da sobrevivência.

Enfrentamos problemas semelhantes. não lutemos sozinhos. Sejamos companheiros.

Nós nos adaptamos: somos independentes, verdadeiros cães com raça.

Somos malandros por necessidade, e companheiros pela amizade.

Onde existe força, coragem, esperança, existe raça.

Chamam-nos de cães sem raça, ou de muitas raças, mas somos, mesmo, cães com muita raça.

Algumas vezes, somos abandonados: só a raça nos fará sobreviver.

Chegaremos ao céu mais rápido. Nossas vidas são mais curtas.

Nossos anos passam rapidamente, cada momento é ouro, sobretudo os felizes.

Amizade verdadeira vem daqueles que nos estendem a mão.

Não temos dono, mas amigos são bem vindos.

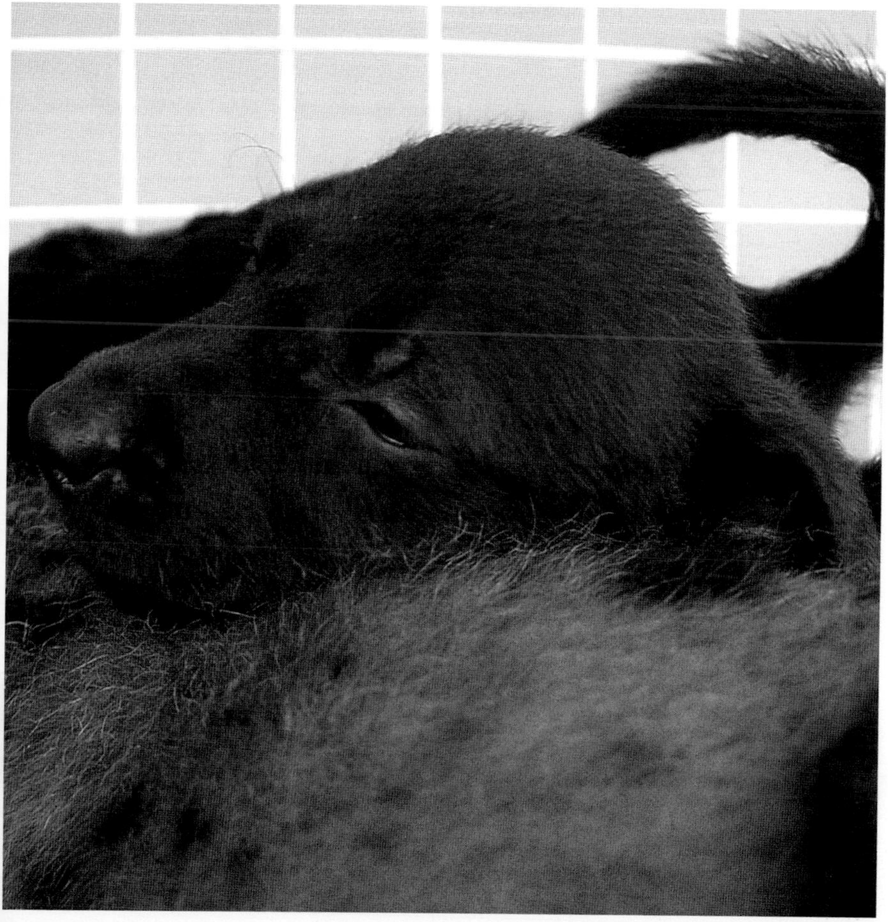

Estamos sempre por perto, mas gostaríamos de estar do lado de dentro.

Não nos afastamos. Aprendemos a nos defender.

Também aprendemos a nos divertir: tomamos banho de chuva, rolamos na grama, comemos de graça.

Sonhadores, quebra-galhos, vira-latas. Eis o que somos.

No passado, uma só raça. No presente vira-latas. E no futuro, o que seremos?

Morremos de fome, por vezes de frio, mas o pior é morrer pela ignorância.

Somos independentes da raça, mas dependentes de afeto.

Nossa raça se divide. Mas nosso amor se multiplica.

Procuramos ser discretos, mas não queremos ser invisíveis, tampouco esquecidos.

Seu mundo é a nossa casa.

A cada dia existem mais como nós. O mundo é cada dia mais vira-lata.

Não estamos soltos, estamos abandonados.

"Virá o dia em que a matança de um animal será considerada crime tanto quanto o assassinato de um homem."

Leonardo da Vinci

FIM

Este livro foi impresso pela Ediouro Gráfica.
A tipologia usada no texto foi Lucida Sans 9/10,8.
O papel do miolo é couchê fosco 115g